a cura di Roberto Bonistalli

201 Aforismi

per una vita saggia

della Donna e dell'amore

DEMETRA

Impaginazione: Cristina Benedetti
Illustrazioni: Roberto Bonistalli

DELLA DONNA E DELL'AMORE
1ª edizione aprile 1997

Via Strà, 167 - SS 11
37030 Colognola ai Colli (Verona)
Tel. 045/6174111 - Fax 045/6174100

Dio creò la donna.
E, a dir vero, da quel momento
cessò di esistere la noia; ma cessarono
di esistere anche molte altre cose!
La donna è stata il secondo errore di Dio.

(Nietzsche)

Uno deve scegliere fra amare
le donne e conoscerle.

(De Lenclos)

Nella vendetta e in amore,
la donna è più barbara dell'uomo.

(Nietzsche)

Nel migliore dei casi la donna è una
contraddizione.

(Pope)

Non ci sono donne brutte,
soltanto donne pigre.

(Helene Rubinstein)

Una donna silenziosa è un dono di Dio.

(Bibbia)

Chiunque dica che può vedere attraverso
una donna si perde parecchio!

(G. Marx)

Meno si ama una donna,
più si è sicuri di possederla.

(Puskin)

L'unica cosa che mi consola di essere donna
è la certezza che non ne sposerò mai una.

(Schlegel)

Gli uomini sanno odiare.
Le donne invece sanno solo detestare.
E questo è ancora peggio.

(De Regnier)

Quando una donna dichiara
di stimare un uomo
è sottinteso che non lo ama.

(Morandotti)

Donne, donne, eterni Dei!
Chi vi arriva a indovinar!

(da "Il Barbiere di Siviglia")

La donna è un male necessario.

(Gellio)

... Bella
Come un angel, che Dio
crea nel più ardente Suo trasporto d'amor.

(Pellico)

Le donne, quando non amano,
hanno tutto il sangue freddo
di un vecchio avvocato.

(Balzac)

Le donne ci piacciono
perché sono meravigliose,
o ci sembrano meravigliose
perché ci piacciono?

(Campanile)

GLI UOMINI SI CERCANO
NELLO SPECCHIO.
LE DONNE CERCANO
SE STESSE.

La donna è lo specchio in cui ogni uomo si riflette, e viceversa.

(Boretor)

Una donna è sincera quando non dice bugie inutili.

(France)

Le donne che svalutano se stesse rendono la vita dura a tutte le altre.

(Mc Clung)

L'uomo è di fuoco, la donna di stoppa, il diavolo arriva e soffia.

(Cervantes)

Co le lassé parlar, no le g'ha mai più torto.

(C. Goldoni)

Gli uomini si cercano nello specchio.
Le donne cercano se stesse.

(Melamed)

La fedeltà di cento donne pesa più
dell'infedeltà di altre.

(Gervaso)

Essere bella è abbastanza.
Se una donna sa far bene questo,
chi le domanderà di più?

(Thackeray)

*Difficile non è l'avere molte donne,
difficile è il riuscire a viverne una.*

(Bonifatt)

*Lasciamo le belle donne agli uomini
senza fantasia.*

(Proust)

*Che una donna conceda i suoi favori
o che li neghi, le fa sempre piacere
che glieli si chieda.*

(Ovidio)

*Essere donna è terribilmente difficile,
perché consiste soprattutto
nell'avere a che fare con gli uomini.*

(Conrad)

CON UNA DONNA SI POSSONO FARE
SOLTANTO TRE COSE:
AMARLA,
SOFFRIRE PER LEI
O FARNE
LETTERATURA.

Le donne sono estreme: o migliori
o peggiori degli uomini.

(De la Bruyère)

Quando le candele sono spente,
tutte le donne sono belle.

(Plutarco)

Le donne fedeli sono tutte uguali.
Pensano solo alla loro fedeltà
e non ai loro mariti.

(Giraudoux)

Con una donna si possono fare
soltanto tre cose:
amarla, soffrire per lei o farne letteratura.

(Durrel)

Perché le donne sono più interessanti
per gli uomini che gli uomini per le donne?

(V. Woolf)

Ci sono generi *nelle donne, ma non* caratteri.

(Dossi)

Lasciare una donna amata
è segno di fantasia esaurita.

(Hofmannsthal)

Gli uomini fanno le leggi,
le donne fanno i costumi.

(De Guibert)

Che m'importa che tu sia onesta?
Sii bella! E sii triste!

(Baudelaire)

Chi sopporterà una donna
che abbia tutte le perfezioni?

(Giovenale)

L'intuizione di una donna è molto più vicina
alla verità della certezza di un uomo.

(Kipling)

Le donne hanno una maniera tutta
particolare di tormentarsi.

(Conrad)

*Donne semplici abitano
spesso corpi complessi.*

(Peluco)

*Il segno distintivo di una donna
lavoro-dipendente è sbrigare
le faccende di casa in vestaglia.*

(Coleen)

*Alcune donne sono diventate gli uomini che
volevano sposare.*

(Steinem)

*Ci sono donne bugiarde
tanto commoventi da meritare
di essere credute.*

(Anonimo)

Le donne che più delle altre
si dovrebbero dimenticare
sono quelle che si ricordano di più.

(Anonimo)

La bellezza delle donne è una
lettera aperta di raccomandazione
che conquista subito i cuori.

(Schopenhauer)

Ogni donna è casta se
non ha chi la corteggia.

(Boretor)

La donna va soggetta a quattro malattie
l'anno, e ognuna dura quattro mesi.

(Detto popolare)

Le donne generalmente
non negano i loro difetti.
Solo li designano con i nomi di virtù.

(Bernasconi)

Non è affascinante colei che
ostenta di esser tale, ma colei che lo è.

(Marmo)

Le donne non possono capacitarsi che vi
siano uomini disinteressati al loro riguardo.

(De Vauvenargues)

Se vuoi fare bene una cosa, fatti aiutare da
un paio di vecchie donnacce e ci riuscirai.

(Davis)

Non si nasce donna: si diventa.

(Simone de Beauvoir)

Quando una donna è sincera crea la possibilità che intorno a lei ci sia più verità.

(Rich)

Tutte le donne imbrogliano.
Le donne osservano i volti, le voci,
i gesti, gli stati d'animo:
devono sopravvivere grazie all'astuzia.

(Piercy)

Le donne sanno bene che gli uomini
non sono così stupidi come si crede:
lo sono di più.

(Toulet)

NON SI NASCE DONNA:
SI DIVENTA.

Non le vedi mai sedersi su una panchina con l'avviso Verniciata di fresco. *Hanno occhi dappertutto.*

(Joice)

Per quanto male un uomo possa pensare delle donne, non c'è donna che non ne pensi ancor più male di lui.

(De Chamfort)

Tutto il mio piacere consiste in vedermi servita, vagheggiata, adorata. Questa è la mia debolezza. E questa è la debolezza di quasi tutte le donne.

(C. Goldoni)

Non nego che le donne siano stupide; Dio Onnipotente le ha fatte per vivere insieme agli uomini.

(Eliot)

Il progresso sociale si può misurare con esattezza dalla posizione sociale del bel sesso.

(K. Marx)

La donna cambia come la luna,
oggi chiara, domani bruna.

(Adagio francese)

Le donne ricordano solo gli uomini che le hanno fatte ridere; gli uomini solo le donne che li hanno fatti piangere.

(De Regnier)

La donna è sempre cosa varia e mutevole.

(Tasso)

*Il cielo non ha collere paragonabili
all'amore trasformato in odio,
né l'inferno ha furie paragonabili
a una donna disprezzata.*

(Congreve)

*La bellezza delle donne mandò
molti in malora.*

(Ecclesiaste)

*Ci sono due specie di donne che non bisogna
conoscere a nessun costo:
primo, quelle che non vi amano,
secondo, quelle che vi amano.
Fra questi due estremi ci sono migliaia
di donne incantevoli, ma non sappiamo
apprezzarle.*

(Louys)

La vecchiaia comincia il giorno in cui, invece di scrivere a una donna, le telefoniamo.

(Bufalino)

La donna non ama esser protetta se non da chi allo stesso tempo è un pericolo.

(Kraus)

Nessuno dirà tanto di te quanto la donna che non ami più.

(Ojetti)

Quando una donna ti dà il suo cuore non riesci mai a liberarti di tutto il resto.

(Vanburgh)

Le donne preferiscono aver ragione che essere ragionevoli.

(Nash)

Senza le donne gli uomini sarebbero molto scarsi.

(Twain)

La donna, solo il diavolo sa cos'è; io non ci capisco niente.

(Dostoevskj)

Le donne qualche volta stanno zitte... ma mai quando non hanno niente da dire.

(Souday)

LA DONNA, SOLO IL DIAVOLO
SA COS'È;
IO NON CI CAPISCO
NIENTE.

A ogni donna corrisponde un seduttore.
La sua felicità sta nell'incontrarlo.

(Kierkegaard)

Una donna senza un uomo è come
un pesce senza bicicletta.

(Gloria Steinem)

È una calunnia parlare di sesso debole
a proposito di una donna.

(Gandhi)

Non fidarti delle donne quando
ammettono il male.

(Pavese)

Un uomo sulla luna non sarà mai interessante quanto una donna sotto il sole.

(Fetchner)

Mai fidarsi di una donna che dice
la sua vera età.
Una donna capace di dir quello
è capace di dir tutto.

(Wilde)

Spesso la donna italiana è cuoca in salotto,
puttana in cucina e signora a letto.

(Flaiano)

I dieci migliori anni di una donna?
Quelli tra i 25 e i 26 .

(Anonimo)

La cosmetica è la scienza del cosmo della donna.

(Kraus)

Quel che al diavolo non riesce, una donna lo fa.

(Proverbio spagnolo)

Sappiamo cosa siamo, ma non cosa possiamo essere o cosa saremmo potute essere.

(Germaine Greer)

Una donna senza seno è un letto senza guanciale.

(France)

Il mondo è simile alle donne: con verecondia e con riserbo da lui non si ottiene nulla.

(Leopardi)

C'è sempre un angolo di silenzio
nelle più sincere confessioni delle donne.

(Bourget)

Donne e buoi, dei paesi tuoi.

(Detto popolare)

Se continui a essere così piena di impegni...
rischi di rimanere sola.

(Lennart)

La donna è il sole, gli uomini i suoi pianeti.

(Eloise)

Quando vedi ciò che certe ragazze sposano, ti rendi conto di quanto debbano odiare l'idea di lavorare per vivere.

(Rowland)

C'è una sola grande moda
che si addice alle donne:
la giovinezza.

(Anonimo)

Date il voto alle donne, e in cinque anni ci sarà una tassa astronomica sul celibato.

(Shaw)

LA DONNA È IL SOLE,
GLI UOMINI I SUOI PIANETI.

Le anime delle donne sono così piccole, che alcuni sono convinti che non ne abbiano affatto.

(Butler)

Povere donne, non sarà mai un'altra femmina a fare l'apologia del vostro genere.

(Palazzeschi)

Cavoli riscaldati e donna che ritorna, non sono mai buoni.

(Proverbio)

Se Dio non avesse fatto la donna, non avrebbe fatto il fiore.

(Hugo)

*Le donne non hanno mai niente da dire.
Ma lo sanno dire così bene.*

(Wilde)

Un uomo, signora, ha sempre paura di una donna che l'ama troppo.

(Brecht)

Grande è la fedeltà di una donna, soprattutto quando non è richiesta.

(Kierkegaard)

Sono gli uomini che sbagliano o siamo noi donne nel giusto?

(Blady)

Attenti alla donna che accetta le avances
che non le avete fatto.

(Scutenaire)

Molti hanno paura di quella donna:
ha mandato più uomini in bianco
del colesterolo.

(Merafino)

Alle donne piacciono gli uomini silenziosi.
Credono che ascoltino.

(Achard)

Conoscono poco le donne gli uomini
che ne han godute molte.
Non sono i beoni i migliori giudici del vino.

(Bernasconi)

Di solito le donne hanno più vanità che temperamento e più temperamento che virtù.

(De Vauvenargues)

L'angelo della Famiglia è la Donna.

(Mazzini)

La grande domanda... alla quale non sono riuscito a rispondere, nonostante trent'anni di ricerche sull'anima femminile, è: «Che cosa vuole la donna?».

(Freud)

La donna ama per sua natura
la contraddizione, l'insalata con l'aceto,
le bevande gassose, la selvaggina frolla,
la frutta verde, i cattivi soggetti.

(De Concourt)

Di tutto ciò che vive e ha intelligenza noi donne siamo la creatura più infelice.

(Euripide)

A donna non si fa maggior dispetto,
che quando o vecchia o brutta le vien detto.

(Ariosto)

Ricorda: Ginger Rogers faceva tutto ciò che faceva Fred Astaire, ma all'indietro e sui tacchi alti.

(Whittlesey)

L'amore è lo stato in cui l'uomo vede le donne più diverse da come sono. E viceversa.

(Boretor)

L'AMORE È LO STATO IN CUI
L'UOMO VEDE LE DONNE
PIÙ DIVERSE DA COME SONO.
E VICEVERSA.

Se una donna ti rifiuta,
non significa sia virtuosa.
Vuole di meglio.

(Morandotti)

Non ama abbastanza una donna colui
al quale i difetti dell'amata non appaiano virtù.

(Goethe)

Da una tigre affamata e da una donna
affezionata non c'è scampo.

(Bramah)

Una casa senza donna è una lampada
senza lume.

(Detto popolare)

DA UNA TIGRE AFFAMATA
E DA UNA DONNA AFFEZIONATA
NON C'È SCAMPO.

Dopo aver riflettuto bene sul destino delle donne in tutti i tempi e in tutti i paesi, ho finito per convincermi che ogni uomo dovrebbe dire a ogni donna, in luogo di buongiorno, «Perdona! », perché i più forti hanno fatto la legge.

(De Vigny)

I curati si consolano di non essere sposati, quando ascoltano le confessioni delle donne.

(Salacrou)

La donna è l'amante dell'uomo giovane,
la sua compagna nella mezza età,
la sua infermiera nella vecchiaia.

(Bacone)

Quando son buona son buona,
ma quando son cattiva son meglio.

(Mae West)

Donna: mistero senza fine bello!

(Gozzano)

Queste donne impossibili!...
Il poeta aveva ragione: non si può vivere né con loro né senza di loro.

(Aristofane)

Fragilità, il tuo nome è donna!

(Shakespeare)

Non può esserci e non ci sarà «libertà» vera finché la donna non sarà liberata dei privilegi che le leggi hanno riconosciuto all'uomo.

(Lenin)

Una donna stupida può tener testa a un uomo intelligente, ma ci vuole una donna molto intelligente per tener testa a un idiota.

(Kipling)

Gli uomini sono come i cani.
Continuano a tornare indietro.
Le donne invece sono come i gatti.
Chiama un gatto una volta.
È già andato.

(Bruce)

La donna ideale deve soddisfare l'anima, lo spirito, i sensi.
Non trovando riuniti i tre requisiti nella stessa persona, è consentito il frazionamento.

(Morandotti)

Non ti fidar delle bionde! Ama le nere.
Le bionde possono esser amate.
Le nere amano.

(Dossi)

Ogni donna, quando si prende un amante,
dà maggior importanza a come quest'uomo
è visto dalle altre donne che da lei stessa.

(De Chamfort)

La donna saggia edifica la casa,
la donna stolta rovinerà con le sue mani
quella già costruita.

(Bibbia)

Guardati dalla donna cattiva,
e della buona non ti fidare.

(Proverbio spagnolo)

Le donne hanno il buonsenso dove gli uomini tengono il coglionesimo.

(Dossi)

Non esiste essere più perfido e maligno sotto il sole di una puttana che, per vecchiaia, è costretta a divenire bigotta.

(Lichtenberg)

Le donne sono come i camaleonti, che dove si posano prendono il colore.

(Moravia)

Di tutti gli idioti che ho conosciuto nella mia vita — e Dio sa che non sono stati pochi — penso di essere stata io la più grande.

(Blixen)

LE DONNE SONO COME
i CAMALEONTI,
CHE DOVE Si POSANO
PRENDONO iL COLORE.

In genere si tiene conto del primo legame amoroso di una donna soltanto quando ne ha un secondo.

(La Rochefoucauld)

Ricorda, è tanto facile sposare una donna ricca come sposarne una povera.

(Thackeray)

Si deve scegliere per moglie la donna che si sceglierebbe per amico se fosse uomo.

(Joubert)

Non cercare di essere un ragazza assolutamente perfetta, mia cara. Fai del tuo meglio, ma senza stancarti o preoccuparti troppo.

(Barnard)

Si è veramente guariti di una donna solo quando non si è più neppur curiosi di sapere con chi ci dimentica.

(Bourget)

Non mi piace che la polizia s'immischi in cose amorose; ma semmai, nel caso di una donna colta in flagrante adulterio, si cominci coll'arrestare il marito.

(Soffici)

L'unica differenza che io conosca fra un uomo e una donna è una di quelle cose che non si possono stampare.

(Russell)

Et abbi questo per certo: che colei sola è casta la quale o non fu mai da alcuno pregata, o se pregò, non fu esaudita.

(Boccaccio)

Si può dire che le donne si accorgono di una cosa più in fretta degli uomini, possono vedere altrettanto bene, guardano meno a lungo.

(Desmahis)

L'onestà delle donne è spesso amore della reputazione e del quieto vivere.

(La Rochefoucauld)

Dio ha creato le donne soltanto per addomesticare gli uomini.

(Voltaire)

Ci sono donne che preferiscono il denaro agli amici e gli innamorati al denaro.

(De la Bruyère)

Hai mai visto delle donne che amino i poveri?

(Pagnol)

Nelle donne, la bellezza fa perdonare molti difetti; negli uomini raddoppia le cattive qualità.

(De Scudéry)

Mi piacciono gli uomini che hanno un futuro e le donne che hanno un passato.

(Wilde)

Quando Gesù Cristo risuscitò si fece vedere prima dalle donne perché la notizia si spargesse più presto.

(Charles)

Le donne oneste non si sanno consolare degli errori che non hanno commessi.

(Guitry)

Non c'è donna il cui possesso sia tanto prezioso quanto quello delle verità che ci rivela facendoci soffrire.

(Proust)

Una donna che non è capace di essere brutta non è bella.

(Kraus)

QUANDO GESÙ CRISTO RISUSCITÒ
SI FECE VEDERE PRIMA DALLE DONNE
PERCHÈ LA NOTIZIA SI SPARGESSE
PIÙ PRESTO.

Se gli uomini sapessero come passano il tempo le donne quando sono da sole, non si sposerebbero.

(Henry)

La donna sarebbe più affascinante se si potesse cadere tra le sue braccia senza cadere nelle sue mani.

(Bierce)

Molte donne si propongono di cambiare un uomo, ma quando l'hanno cambiato non lo trovano più attraente.

(Dietrich)

Non c'è peggior furia d'una donna in cerca di un nuovo amante.

(Connolly)

Sono due i giorni in cui la donna
è un piacere: il giorno in cui un uomo
la sposa, e il giorno in cui la seppellisce.

(Ipponatte)

Quando una donna ha vent'anni, un figlio
la deforma; quando ne ha trenta, la conserva;
quando ne ha quaranta la ringiovanisce.

(Blum)

Con lui come padre e lei come madre, cosa
potrei essere se non quella che sono?

(Millay)

Ogni donna viene convinta che,
se non riuscirà a essere il perfetto clone
sia del superuomo sia dell'eterno femminino,
allora dovrà portare la sua croce.

(Friedan)

Chi dice donna dice danno.

(Detto popolare)

*L'unico modo di trattare una donna
alla pari è di desiderarla come un uomo.*

(Flaiano)

*La donna perfetta è un tipo umano più alto
dell'uomo perfetto:
anche qualcosa di più raro.*

(Nietzsche)

*Non si ha idea fino a che punto le donne
siano un'aristocrazia.
Non c'è popolo, fra di loro.*

(Michelet)

Mascheriamo come ci piace la nostra schiavitù, è la donna, sempre la donna, che ci governa.

(T. Moro)

Il poeta comprende la donna
meglio di chiunque altro.
Forse perché se la inventa.

(Bonifatt)

La castità di una donna è fatta, come una cipolla, di involucri sovrapposti.

(Hawthorne)

A ciascuno di noi il Fato ha destinato una donna. Se riusciamo a sfuggirle siamo salvi.

(dal "New York Times")

Le donne sono la seconda metà del cielo.

(Mao Tse-Tung)

Essere donna è così affascinante.
È un'avventura che richiede un tale coraggio,
una sfida che non annoia mai.

(Fallaci)

Le donne vogliono uomini mediocri,
e gli uomini si danno un gran da fare
per essere i più mediocri possibili.

(Mead)

La felicità è la poesia della donna.

(Balzac)

LE DONNE SONO
LA SECONDA METÀ
DEL CIELO.

Quando ci amano, non amano proprio noi.
Ma siamo proprio noi quelli che,
un bel mattino, non amano più.

(Géraldy)

La donna è la porta dell'inferno.

(Tertulliano)

Le donne sono le depositarie della libertà.

(Picabia)

Per piacere alle donne, bisogna avere nello spirito e nei modi qualcosa del parrucchiere e del commesso viaggiatore.

(Léautaud)

L'inferno delle donne è la vecchiaia.

(La Rochefoucauld)

Mio Dio, tutte le donne pubbliche con le quali ho peccato, beatele!

(Tommaseo)

Certe donne amano talmente il proprio marito che per non sciuparlo prendono quello delle loro amiche.

(Dumas)

La virtù femminile è la più grande invenzione dell'uomo.

(Skinner)

Le donne sono al loro meglio passati
i trent'anni, ma gli uomini che hanno passato
i trent'anni sono troppo vecchi per capirlo.

(Belmondo)

Troie ce ne son tante, ma come le donne!

(Detto toscano)

Ah! Non insultate mai la donna che cade!
Chissà sotto quale fardello
quella povera anima soccombe!

(Hugo)

Quale cuore femminile
può disprezzare l'oro?
A quale gatto non piace il pesce?

(Gray)

QUALE CUORE FEMMINILE
PUÒ DISPREZZARE L'ORO?
A QUALE GATTO NON PIACE
IL PESCE?

A una donna ci vogliono vent'anni per fare di suo figlio un uomo, e a un'altra bastano venti minuti per farne un cretino.

(Rowland)

L'esistenza d'una donna molto carina somiglia a quella d'una lepre il giorno dell'apertura della caccia.

(Morand)

La grande e quasi unica consolazione di essere una donna è che una può fingersi più stupida di quanto è, e nessuno se ne meraviglia.

(Stark)

I briganti ti chiedono la borsa o la vita; le donne le vogliono tutt'e due.

(Butler)

Amare le donne intelligenti è un piacere da pederasti.

(Baudelaire)

Le donne corrono dietro agli stolti; fuggono i saggi come animali velenosi.

(Erasmo da Rotterdam)

Vengono per ammirare, e per essere loro stesse ammirate.

(Ovidio)

Con le donne non bisognerebbe mai scherzare.

(Goethe)

Le donne hanno un unico, grande, problema: gli uomini.

(Boretor)

Bibliografia e spunti

Elena Spagnol,
Picchiala con un fiore,
Domino - A. Vallardi, Garzanti Editrice.

Il Libro degli aforismi,
a cura di Federico Ronconi, Mondadori.

Gino e Michele, Matteo Molinari,
Anche le formiche nel
loro piccolo s'incazzano,
Baldini e Castoldi Editrice.

Finito di stampare nel mese di gennaio 1998
presso Giunti Industrie Grafiche S.p.A.
Stabilimento di Prato